CodeKnacker-Ausweis

Hier bitte
ein Foto
einkleben!

Name

Kennwort (verschlüsselt)

Spezialgebiet

Alle Tipps und Informationen in diesem Buch
sind sorgfältig ausgewählt und geprüft.
Dennoch können weder Urheber noch Verlag
eine Garantie übernehmen. Eine Haftung für
Personen-, Sach- und Vermögensschäden
ist ausgeschlossen.

5 4 3 2 1   20 19 18 17 16
ISBN 978-3-649-62173-7
© 2016 Coppenrath Verlag GmbH & Co. KG,
Hafenweg 30, 48155 Münster, Germany
CH: Baumgartner Bücher AG, Centralweg 16, 8910 Affoltern a. A.
Alle Rechte vorbehalten, auch auszugsweise
Text: Barbara Wernsing
Illustrationen: Lena Hesse
Fotos: siehe Nachweis auf Seite 60
Printed in China

www.coppenrath.de

Barbara Wernsing

Notsignale und Geheimzeichen

Mit Illustrationen von Lena Hesse

COPPENRATH

An alle Abenteurer, Kundschafter und Codeknacker

Notsignale geben, Spuren lesen, Botschaften entschlüsseln und sich mit (geheimen) Gesten verständigen — all das sollte ein echter Abenteurer können, egal ob er auf hoher See, im tiefsten Wald, mitten in der Stadt oder allein auf weiter Flur unterwegs ist.

In einer Stadt hat es wenig Sinn, Rauchsignale zu geben.

Es gibt viele Möglichkeiten, Botschaften auch ohne Worte weiterzugeben. Dazu benötigt man Signale oder Zeichen mit einer festgelegten Bedeutung. Welche Signale du am besten wählst, um deine Botschaft erfolgreich zu übermitteln, hängt von der Situation ab, in der du dich befindest.

Selbstverständlich müssen Sender und Empfänger die gewählte Signalsprache gut beherrschen. Besonders wichtig ist eine gute Verständigung im Notfall.

In diesem Buch erfährst du, wo du welchen Signalen begegnen kannst, was sie bedeuten und wie du sie selbst anwenden kannst.

Viel Spaß!

Im Wald sind Lichtsignale problematisch.

Inhaltsverzeichnis

Ein Notfall tritt ein – was tun?

Jeder kann einmal in eine Notsituation geraten. Um zu erkennen, dass jemand Hilfe braucht, oder um selbst Hilfe zu rufen, ist es wichtig zu wissen, woran man Notsignale erkennt und wie man sie geben kann.

Das einfachste Notsignal kennst du schon: Du musst nur laut „Hilfe!" rufen. Wenn du in fremden Ländern unterwegs bist, solltest du das englische Wort „Help!" wählen.

Sind mögliche Helfer zwar sichtbar, aber zu weit weg, um dich zu hören, kannst du deine Arme immer wieder langsam heben und senken. Auch dieses Signal ist eindeutig ein Notsignal.

Ganz wichtig: Notsignale dürfen ausschließlich im Notfall gegeben werden! Denn sonst kann es passieren, dass die Rettungsmannschaft, die zu dir ausrückt, für einen echten Notfall fehlt.

Übrigens: Hilfe leisten ist Pflicht. Bist du selbst nicht in der Lage, direkt zu helfen, musst du umgehend entsprechende Stellen (Feuerwehr, Seenotrettung, Bergrettung) benachrichtigen.

Die Notrufnummer

Eine Rettungsleitstelle erreichst du europaweit unter der **Telefonnummer 112**. Dort ist rund um die Uhr ein Ansprechpartner bereit, dir die nötige Hilfe zu vermitteln.

Europaweit gilt 112 als Notrufnummer.

Bei deiner Meldung gibst du Auskunft über:

▶ Was ist geschehen? -> Beispiel: Unfall, Feuer, Erkrankung
▶ Wo ist es geschehen? -> genaue Adresse (Ort, Straße, Hausnummer), Koordinaten oder auffällige Orientierungspunkte in der Nähe
▶ Wie viele Verletzte oder Erkrankte gibt es? -> Die Leitstelle muss wissen, wie viele Einsatzkräfte oder Krankenwagen gebraucht werden.
▶ Welcher Art sind die Verletzungen oder Beschwerden? -> Gebrochene Knochen, Verbrennungen, Bewusstlosigkeit? Wenn die Leitstelle Bescheid weiß, kann sie Anweisungen geben, was bis zum Eintreffen der Retter zu tun ist.
▶ Warte auf Rückfragen! Das Gespräch niemals vor der Leitstelle beenden!

Sind Notsignale oder Hilferufe abgegeben worden, die Notlage aber bereits behoben, sollte das auch gemeldet werden, damit nicht unnötige Hilfsmaßnahmen eingeleitet werden.

H wie Hubschrauber

Ein Hubschrauber-Landeplatz auf einem Hochhaus

Mit einem weißen H werden Hubschrauber-Landeplätze oder Heliports gekennzeichnet. Um das H herum begrenzt ein großer Kreis die Landefläche. Auf Krankenhaus-Landeplätzen steht ein rotes H auf einem weißen Kreuz. Gekennzeichnete Landeplätze für Hubschrauber gibt es zum Beispiel am Boden, auf Dächern von Hochhäusern oder auf speziellen Landedecks von großen Schiffen oder Bohrinseln.

Rettungshubschrauber werden geschickt, wenn sich ein Notfall in unwegsamem Gelände zugetragen hat oder wenn ein Transport mit dem Rettungswagen zu lange dauern würde. Der Pilot muss sich in der Nähe des Notfallorts einen Landeplatz, auch ohne Kennzeichnung, suchen.

Bist du am Notfallort, kannst du helfen. Suche die größte ebene Fläche in der Nähe mit den wenigsten und niedrigsten Hindernissen. Notwendig ist eine Landefläche von mindestens 5 x 5 m. Die Entscheidung, ob der Platz geeignet ist, trifft aber der Pilot.

In der Wildnis ist es nicht immer leicht, einen geeigneten Landeplatz zu finden.

Du kannst einem Hubschrauber-Piloten von unten Zeichen geben:

= yes!

Ja, ich benötige Hilfe.

= NO!

Nein, ich benötige keine Hilfe.

Einen Hubschrauber einweisen

Damit der Pilot sich am ausgewählten Landeplatz schnell orientieren kann, ist ein erwachsener (!) Einweiser wichtig. Du kannst ihm sagen, was er machen soll. Die anderen Personen räumen alles weg, was herumfliegen kann, und entfernen sich mindestens 50 m vom Landeplatz.

Der Einweiser steht in der Y-Stellung mit dem Wind im Rücken am Rand des Landeplatzes. So weiß der Pilot, wo der Landeplatz zu Ende ist und woher der Wind weht, und kann möglichst gegen den Wind landen.

Am besten weist du den Piloten per Funk nach dem „Zifferblatt" ein:

▶ Fliegt der Hubschrauber direkt auf den Einweiser zu.
  → Der Einweiser befindet sich auf 12 Uhr.
▶ Fliegt er genau vom Einweiser weg.
  → Der Einweiser befindet sich auf 6 Uhr.
▶ Fliegt der Pilot an ihm vorbei.
  → Der Einweiser befindet sich auf 3 Uhr/9 Uhr …

Nach der Landung darf man sich nur auf Zeichen des Piloten von vorn und in gebückter Haltung nähern.

Was sind Koordinaten?

Um einen Notfallort so präzise wie möglich zu beschreiben, sind genaue Koordinaten am besten geeignet. Stell dir vor, die Erdkugel sei von einem Netz überzogen. Koordinaten geben dir an, in welcher „Masche" des Netzes du dich befindest.

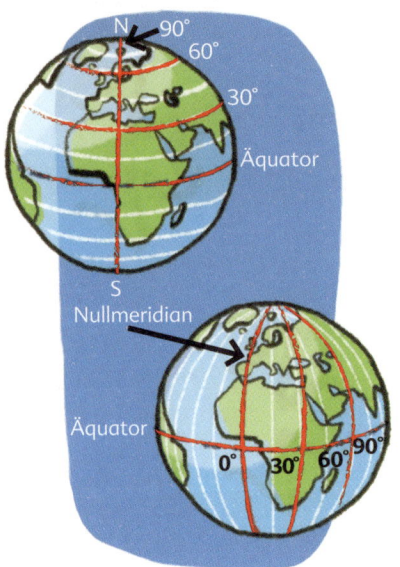

Der Äquator ist eine gedachte Linie um die Mitte der Erde. Parallel zum Äquator verlaufen die Breitenkreise, die Orte mit derselben geografischen Breite verbinden. Die Breite wird gezählt von 0° am Äquator bis 90° Nord bzw. 90° Süd an den Polen.

Senkrecht zum Äquator verlaufen die Längenkreise. Ein halber Kreis von Pol zu Pol wird als Meridian bezeichnet. Die geografische Länge wird vom Nullmeridian aus gezählt bis 180° nach Osten bzw. Westen.

Seit 1884 wird weltweit der Meridian der alten Sternwarte von Greenwich bei London als Nullmeridian und Ausgangspunkt für die Längenzählung benutzt.

Beispiel: Der Kölner Dom hat die Koordinaten 50.941278° N = nördlicher Breite und 6.958281° E = östlicher Länge (E = East = Osten).

Einen Ort nach Koordinaten finden

Um deinen Standort mithilfe von Koordinaten genau beschreiben zu können, brauchst du einen GPS-Empfänger. GPS bedeutet „Global Positioning System". Es besteht aus 24 Satelliten, die ständig Funksignale senden, während sie in rund 20 000 km Höhe um die Erde kreisen. Aus den Signalen berechnet das Gerät seine Position und zeigt sie dir in Form von Koordinaten an.

Eine Art Geocaching ohne Schatz ist die Suche nach Konfluenzpunkten, nach Orten, an denen dein GPS-Gerät Koordinaten mit möglichst vielen Nullen nach dem Komma anzeigt. In Deutschland kannst du 48 Konfluenzpunkte „sammeln". Weltweit sind es über 60 000.

Ein Beispiel für einen Konfluenzpunkt ist der Ort mit diesen Koordinaten: 54.000000° N, 8.000000° E. Er liegt in der Nordsee, nordwestlich vom Leuchtturm „Roter Sand".

Koordinaten des Leuchtturms „Roter Sand": 53.919365° N, 8.121504° E

Die Zeichen der Waldläufer

Anfang des 17. Jahrhunderts spielten Waldläufer eine große Rolle bei der Erkundung Nordamerikas. Sie durchstreiften das Land, jagten und tauschten Pelze gegen andere Waren ein. Dabei markierten die Waldläufer bewährte Wege mit besonderen Zeichen.

Ähnliche Zeichen bringen auch heute noch Späher oder Kundschafter an möglichst unauffälligen Stellen am Wegesrand an. Auch du kannst die Zeichen mit einem Stock in die Erde ritzen oder mit Steinen, Ästen oder anderen Materialien aus der Natur auf dem Boden auslegen.

 = Startpunkt

 = Hier graben!

 = Folge diesem Weg!

 = Hier versammeln!

 = In die entgegengesetzte Richtung gehen!

 = Achtung, Gefahr!

 = In diese Richtung abbiegen!

 = Wir benötigen Hilfe!

 = Über ein Hindernis und weiter geradeaus!

 = zum Trinkwasser

 = unüberwindbares Hindernis

 = zum Lagerplatz

 = Folge dem Fluss!

 = Wir sind in der Nähe, bitte suchen!

 = falscher oder verbotener Weg

 = Aufgabe erfüllt, bin nach Hause gegangen.

Waldläufer-Spiel

Hier bist du der Späher und erkundest den Weg vom Start zum Ziel. Damit deine Freunde dir folgen können, markierst du den besten Weg mit Waldläufer-Zeichen. Dabei warnst du die Freunde auch vor Gefahren. Klebe die Sticker an die passenden Stellen. Die Lösung steht auf Seite 60.

Nachdem du diese Aufgabe erfolgreich gelöst hast, kann es nach draußen gehen, wo du deine Späherfähigkeiten in einem Verfolgungsspiel oder einer Schnitzeljagd unter Beweis stellen kannst.

Zeichen an der Wand – Zinken

Früher zogen viele Händler, Handwerker, Tagelöhner und Bettler durchs Land. Sie markierten die Häuser, die sie besucht hatten, mit kleinen unauffälligen Zeichen, um nachfolgenden Kameraden mitzuteilen, was sie dort erwartete.

Allerdings waren auch Gauner unterwegs, die sich die Zeichen zunutze machten und mit ihrer Hilfe schnell herausfanden, wo sich ein Raubzug lohnte. Sie entwickelten auch eigene Zeichen, Gaunerzinken genannt. Bis heute werden sie von kriminellen Banden verwendet und an Zäune, Haustüren, Briefkästen oder Klingelschilder gemalt oder geritzt.

 = Hier hat man leichtes Spiel.

 = bereits ausgeraubt

 = Hier gibt es nichts zu holen.

 = Einbruch lohnt sich.

 = beste Zeit zum Einbrechen: abends

 = Gefahr

 = Schnell abhauen!

 = bissiger Hund

 = Hier wohnen alte Leute.

 = Krankspielen lohnt sich.

Wenn du solche oder ähnliche Zeichen findest, solltest du sie erst fotografieren und dann entfernen oder unkenntlich machen. Treten sie gehäuft auf, solltest du vorsichtshalber die Polizei darüber informieren.

Zeichen im Wald – Bruchzeichen

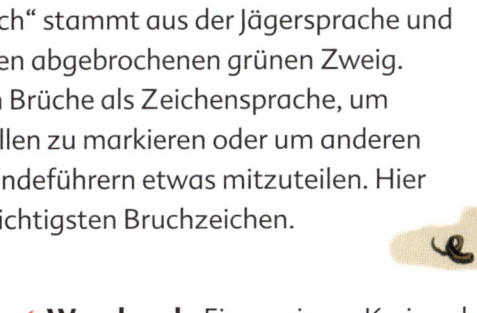

Hast du schon einmal im Wald einen zum Kreis gebogenen Zweig an einem Hochsitz hängen sehen? Das Wort „Bruch" stammt aus der Jägersprache und bezeichnet einen abgebrochenen grünen Zweig. Jäger benutzen Brüche als Zeichensprache, um bestimmte Stellen zu markieren oder um anderen Jägern oder Hundeführern etwas mitzuteilen. Hier siehst du die wichtigsten Bruchzeichen.

Warnbruch: Ein zu einem Kreis gebogener Zweig warnt vor einer Gefahrenstelle, etwa einer Falle oder einem morschen Hochsitz.

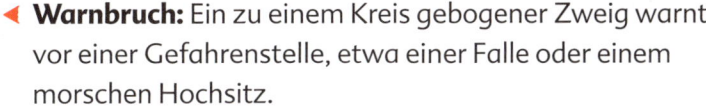

Hauptbruch: Ein armlanger Zweig wird auf den Boden gelegt, gesteckt oder aufgehängt. Er macht auf eine bestimmte Stelle aufmerksam.

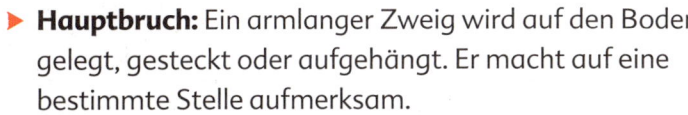

Leitbruch: Ein nur halb so langer Zweig wird auf den Boden gelegt. Er zeigt mit der gewachsenen Spitze eine Richtung an.

Wartebruch: Zwei über Kreuz gelegte Zweige bedeuten: Hier warten. Zwei gekreuzte Zweige ohne Seitenzweige heißen: Habe das Warten abgebrochen.

Anschussbruch: Ein Zweig wird in den Boden gesteckt. Er markiert die Stelle, an der ein Tier angeschossen wurde. Meist wird er mit einem Leitbruch kombiniert, der die Fluchtrichtung des Tieres angibt.

Tierspuren

Vor allem im feuchten Sand oder Schnee kannst du deutliche Abdrücke von Tierfüßen finden.

Tiere, die mit der ganzen Fußsohle auftreten, werden **Sohlengänger** genannt. Dazu gehören Bären, Dachse, Waschbären, Murmeltiere, Biber und — der Mensch.

Ein Waschbär

Fußabdrücke des Waschbären

Bei den **Zehengängern** berühren nur die Zehen den Boden. Während sich die Krallen bei Wölfen, Hunden und Füchsen deutlich abzeichnen, hinterlassen Katzen, etwa Luchse und Wildkatzen, keine Krallenabdrücke.

Wolf   Luchs   Ein Luchs

Zehenspitzengänger treten nur mit den äußeren Zehengliedern auf. Alle Huftiere sind Zehenspitzengänger. Darunter gibt es Paarhufer (etwa Rinder, Schweine, Rehe und Elche) und Unpaarhufer (wie Pferde oder Esel).

Ein Elch

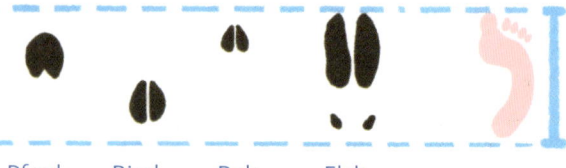

Pferd   Rind   Reh   Elch

Fußspuren von Menschen

Die Jäger der San in Afrika sind Meister im Spurenlesen. Daher wurden drei der besten von deutschen Wissenschaftlern gebeten, bei der Untersuchung von Fußabdrücken in Höhlen aus der Eiszeit zu helfen. Die geübten Spurenleser

Jäger der San untersuchen Tierspuren.

konnten sagen, welcher Abdruck von einem Mann oder einer Frau stammt, wie alt der Mensch war, ob er etwas Schweres getragen hat oder krank war.

Wenn wir von Fußspuren sprechen, meinen wir meistens die Abdrücke von Schuhen. Du kannst einiges über die Person, die sie hinterlassen hat, herausfinden:

▶ Die Schuhgröße verrät die ungefähre Körpergröße (Abdrucklänge x 7 = Größe der Person).
▶ Tiefe Abdrücke lassen auf ein höheres Gewicht schließen.
▶ Ein auffälliger Gang lässt sich aus einer unregelmäßigen Folge von Abdrücken ablesen.
▶ Aus der Art der Schuhe kann man manchmal das Geschlecht des Trägers ableiten.
▶ Welche Richtung die Person eingeschlagen hat, zeigt die Schuhspitze an.
▶ Wer schnell läuft, hinterlässt unvollständige Abdrücke in weitem Abstand.

Körpersignale bei Tieren

Für den Abenteurer in der Wildnis ist es wichtig, die Körpersignale von Tieren richtig zu deuten. Nur so kann er sich angemessen verhalten: stehen bleiben oder wegrennen. An Hunden, Katzen und Pferden kannst du leicht üben, Körpersignale von Tieren zu deuten.

Achte bei Hunden auf die Schwanzstellung:

 = aufmerksam

 = angriffslustig

 = ängstlich

Wenn ein Hund die Zähne fletscht, ist klar: Geh ihm besser aus dem Weg.

Achte bei Pferden auf die Ohren und das Gesicht:

 = aufmerksam

 = angriffslustig

 = ängstlich

Achte bei Katzen auf die Körperhaltung:

 = aufmerksam

 = angriffslustig

 = ängstlich

Körpersignale bei Menschen

Auch bei Menschen kannst du an der Körperhaltung ablesen, wie die Stimmung ist. Achte besonders auf die Arm- und Beinstellung, die Hände und das Gesicht. Kannst du den Bildern die richtigen Begriffe zuordnen?
Die Lösung findest du auf Seite 60.

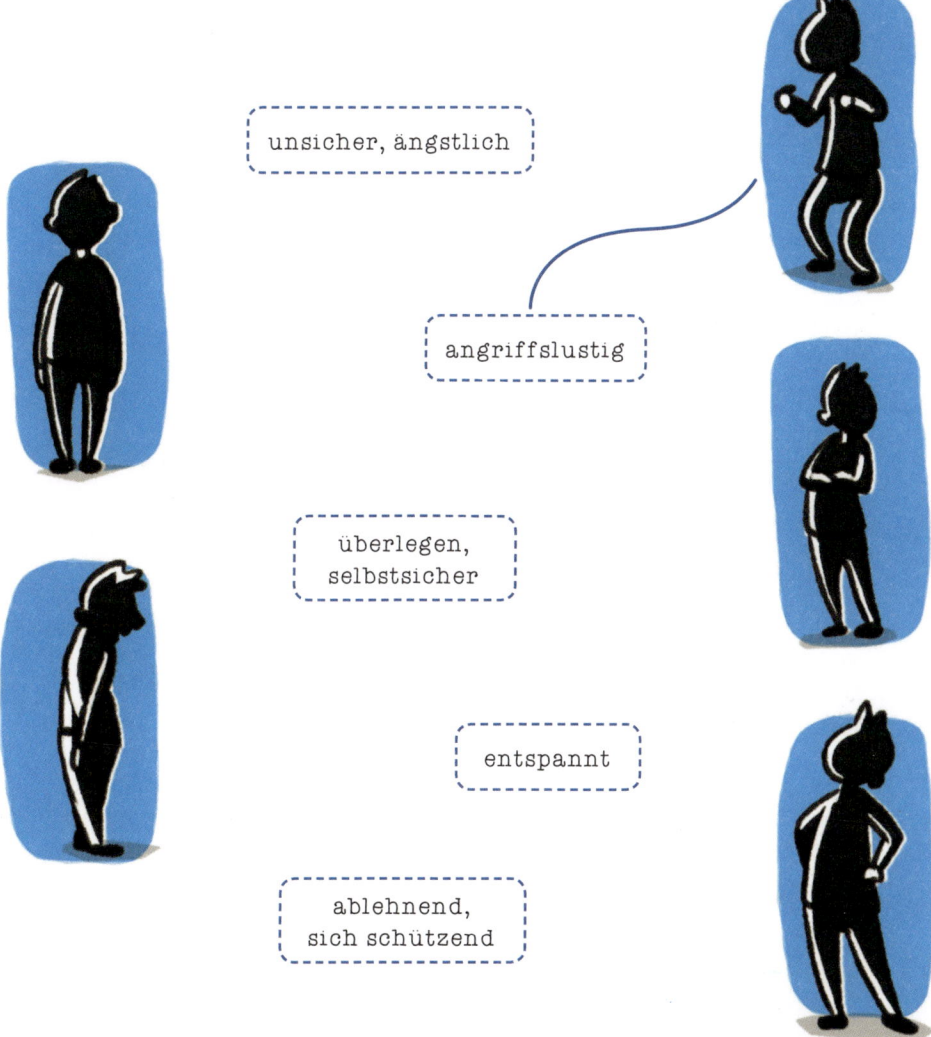

unsicher, ängstlich

angriffslustig

überlegen, selbstsicher

entspannt

ablehnend, sich schützend

Handzeichen-Ratespiel

Mit Handzeichen kann man sich auch ohne Worte gut verständigen. Beim lautlosen Anpirschen im Hellen und mit Sichtkontakt zum Partner sind sie zum Beispiel sehr nützlich. Aber Vorsicht! Handzeichen haben nicht in allen Ländern dieselbe Bedeutung. Für uns harmlose Zeichen können anderswo jemanden beleidigen. Hier siehst du einige Abbildungen und Bedeutungen von Handzeichen. Kannst du sie richtig zuordnen? Lösung: Seite 60.

Stopp!

Gewonnen! Aber auch: Frieden oder Hasenohren

„Time out", Spielstopp, Pause

„Leise sein!" oder „Nichts verraten!"

Nein, ich stimme nicht zu.

Ja, ich stimme zu.

Taucherzeichen

Alles okay!

Beim Tauchen gilt die Regel: Tauche nie allein! Der Buddy (= Kumpel) ist dein zuverlässiger Partner beim Tauchen, der dir immer hilft, wenn es Probleme gibt. Um dich auch unter Wasser mit deinem Buddy verständigen zu können, gibt es Handzeichen. Die Bedeutung der wichtigsten ist festgelegt. Andere muss man vor dem Tauchgang genau absprechen.

 = Notfall

 = Auftauchen!

 = Okay, alles in Ordnung. Habe verstanden.

 = Abtauchen!

 = Etwas stimmt nicht. Es gibt ein Problem.

 = Abbruch!

 = Ich bekomme keine Luft mehr.

 = Gehe mit deinem Buddy!

Gebärdensprache

Eine ganz besondere Sprache ist die, in der sich gehörlose Menschen miteinander unterhalten — die Gebärdensprache. Wäre es nicht schön, selbst
ein paar ihrer Handzeichen zu beherrschen?

Die Gebärdensprache ist anders aufgebaut als die Lautsprache. Nicht jedes
Wort wird durch eine Gebärde ersetzt. Die Gebärdensprache ist außerdem
nicht international. Jedes Land hat seine eigenen Gebärden. Und sogar
Jugendliche und Ältere benutzen unterschiedliche Gebärden.

So stellt man sich in Gebärdensprache vor:

Hallo!   Mein   Name   ...

Mit dem Mund formt man immer das Wort zur Handbewegung. An die
Stelle der Punkte kommt dein Name. Den kannst du mit einer Namensgebärde darstellen oder mit dem Fingeralphabet (Seite 26) buchstabieren.

Die Namensgebärde

Jede Person bekommt eine einfache Namensgebärde, die zu ihr passt. Dabei kann dein Aussehen eine Rolle spielen, eine besondere Eigenart oder ein spezielles Hobby. Manchmal sind Namensgebärden passend, aber auch ein bisschen gemein. Gut, dass sie sich im Laufe des Lebens ändern können!

Wie könnte die jeweilige Namensgebärde für diese Leute aussehen?

Wie könnte deine Namens-
gebärde aussehen? Hat
man für dich eine Gebärde
gefunden, stellst du dich
immer mit ihr vor.

_____

Mein Gebärdenname

Ich mit einem typischen Kennzeichen

Das Fingeralphabet

Manchmal kennt der Sprecher die Gebärde für einen Begriff oder ein Fremdwort nicht. Dann buchstabiert er das Wort mit dem Fingeralphabet. Auch Namen werden beim ersten Kennenlernen mithilfe des Fingeralphabets buchstabiert. Später nutzt man meistens die Namensgebärde. Leider verwendet man nicht in allen Ländern das gleiche Fingeralphabet. So sieht das Fingeralphabet bei uns aus:

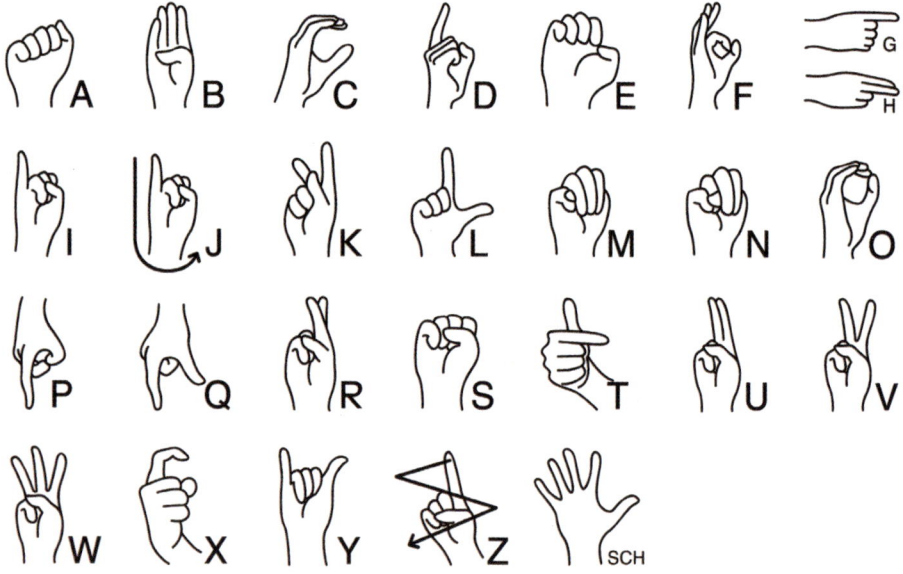

Die Buchstaben des Fingeralphabets werden mit der rechten (bei Linkshändern mit der linken) Hand etwa in Brusthöhe ausgeführt. Wie wird dein Name in Fingerzeichen buchstabiert?

Tipp: Gib im Internet das Suchwort „Fingeralphabetübersetzer" ein, dann findest du verschiedene Seiten, auf denen du in einer Zeile Begriffe oder Namen eingeben kannst und dir die entsprechenden Fingerzeichen sofort angezeigt werden.

Braille – Zeichen zum Fühlen

Louis Braille (1809–1852) erblindete im Alter von vier Jahren durch einen Unfall. Mit 16 Jahren entwickelte der französische Junge eine Schrift, die auch Blinde lesen können. In der Braille- oder Blindenschrift wird jedes Zeichen, jeder Buchstabe und jede Zahl durch eine bestimmte Anordnung von kleinen Hubbeln dargestellt. Um die Zeichen zu lesen, ertasten Blinde die Hubbel mit den Fingern, Zeile für Zeile, von links nach rechts.

Stell dir einen Baustein mit sechs Noppen vor, den du so vor dich legst, dass sich jeweils zwei Noppen neben- und drei untereinander befinden. Das ist das Raster, mit dem die Buchstaben dargestellt werden.

Hier siehst du das Braille-Alphabet.
▶ Die schwarzen Punkte bedeuten: Hier tastet man einen Hubbel.
▶ Die Kreise heißen: Hier ist kein Hubbel.

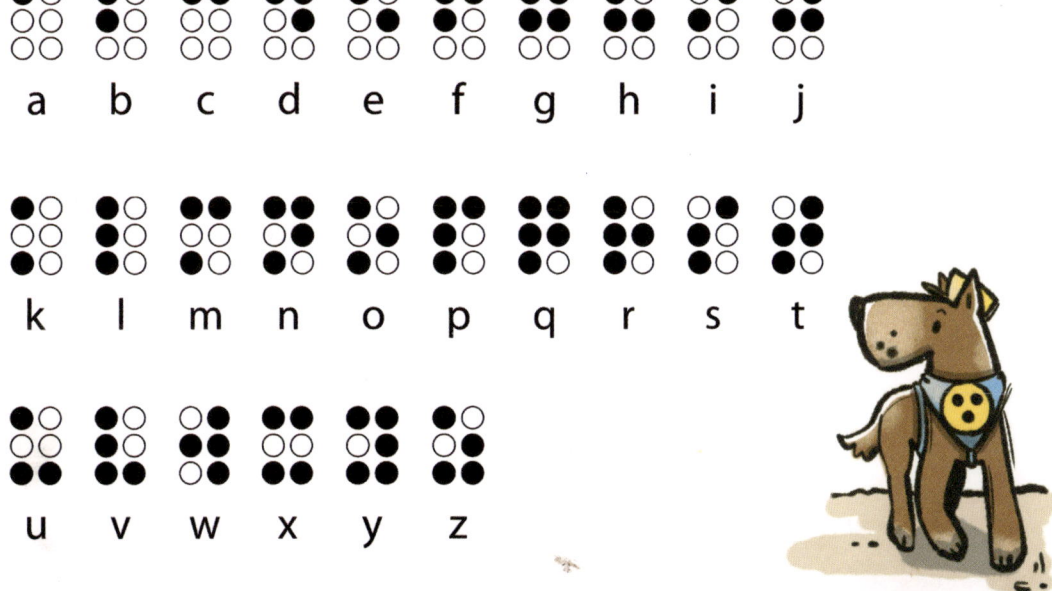

Schau dir die Verteilung der schwarzen Punkte genau an. Fällt dir etwas auf?

▶ Die Buchstaben a bis j benutzen die oberen vier Plätze.

▶ Ab k wiederholen sich die Punkte mit einem zusätzlichen Punkt unten links.

▶ Die Buchstaben u bis z haben einen zusätzlichen Punkt unten rechts.

▶ Nur das W fällt aus der Reihe. Weil es im Französischen nicht gebraucht wurde, hat man es erst später hinzugefügt.

Und so werden die Zahlen dargestellt:

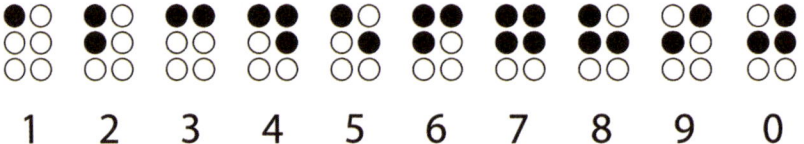

1   2   3   4   5   6   7   8   9   0

Die Zahlen 1 bis 9 und 0 entsprechen den Zeichen a bis j. Damit man weiß, dass es sich um Zahlen und nicht um Buchstaben handelt, stellt man einer Zahl immer das Zeichen für # voran:

Vor einem Großbuchstaben steht dieses Zeichen:

Da man viel Platz braucht, um jeden einzelnen Buchstaben als Braillezeichen darzustellen, wurde eine Kurzschrift mit Zeichen für bestimmte Silben und ganze Wörter eingeführt. Die Kurzschrift ist in jeder Sprache unterschiedlich.

Die Brailleschrift zu entziffern, ist eigentlich gar nicht so schwer. Probier es mal aus! Kriegst du heraus, was hier steht? Die Lösung findest du auf Seite 60.

Die Lösung findest du auf Seite 60.

Halte die Augen offen, dann findest du viele Braillezeichen.

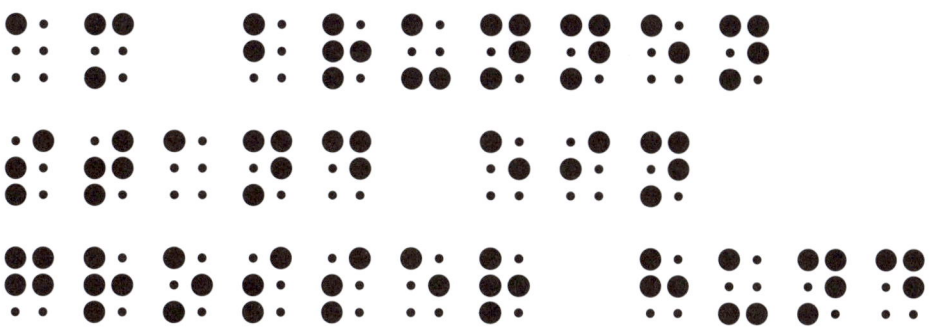

Meine Übersetzung

Hier kannst du deinen Namen eintragen. Für jeden Buchstaben deines Namens malst du die entsprechenden Kreise aus.

Mein Name in Brailleschrift:

Tipp: Wenn du im Internet die Suchworte „Braille Übersetzer" oder „Blindenschrift Konverter" eingibst, findest du verschiedene Seiten, auf denen du deine Botschaft eingeben und direkt in Braille übersetzen lassen kannst.

Farben, die sofort auffallen

Eine Signalfarbe ist eine besonders auffällige Farbe, die häufig als Warnung dient. Dazu gehören die Farben Rot, Gelb und Orange. Im Straßenverkehr findest du diese Farben sehr oft. Hier ein paar Beispiele:

Willst du als Abenteurer in der Natur auffallen, sollten die Farben deiner Kleidung in der Umgebung kaum vorkommen. Signalfarben sind dann am besten geeignet. Sie signalisieren: Achtung, hier bin ich!

Zur Jagdsaison ist es von Vorteil, im Wald auffällige Kleidung zu tragen. So wirst du von Jägern nicht mit Wild verwechselt. Auch Jagdhunde tragen zur Sicherheit orangefarbene Halsbänder oder Westen.

Mit dem orangefarbenen Halsband sieht man den Hund sofort.

Willst du dich dagegen in der Natur verstecken, musst du dich der Umgebung anpassen und möglichst auch dein Gesicht schminken. Mit ein bisschen Glück kannst du so unbemerkt wilde Tiere beobachten.

Von Weitem fällt das Gesicht kaum auf.

Tiere mit Signalfarben

Auch Tiere nutzen Signalfarben. Um zu überleben, warnen sie ihre Fressfeinde durch eine auffällige Färbung: „Ich bin gefährlich!" oder „Ich bin ungenießbar!"

◀ **Wespen** verraten mit ihren schwarz-gelben Hinterleibsringeln, dass sie sich gegen Angriffe wehren können.

▶ Der Rücken des **Feuersalamanders** zeigt gelbe Muster auf schwarzem Untergrund. Die Signalfarben warnen vor einer giftigen Flüssigkeit, die seine Haut absondert.

◀ **Marienkäfer** geben eine stinkende gelbe Flüssigkeit ab, wenn sie sich bedroht fühlen. Mit der rot-schwarzen Färbung der Flügeldecken signalisieren sie ihren Feinden ihre Ungenießbarkeit.

▶ **Rotbauchunken** schützen sich vor Fressfeinden, indem sie ihnen ihre orangerot-schwarze Unterseite zeigen. So warnen sie vor ihren Hautgiften.

Signalflaggen

Um Nachrichten sichtbar auszutauschen, werden vor allem in der Seefahrt Signalflaggen verwendet. Für jeden Buchstaben des Alphabets gibt es eine bestimmte Flagge. Die meisten dieser Flaggen besitzen außerdem noch spezielle Bedeutungen, die im internationalen Signalbuch festgehalten sind.

	Flagge	Bedeutung		Flagge	Bedeutung
A		„Taucherflagge", Taucher unten, Abstand halten	N		Nein!
B		„Bravo-Flagge" gefährliche Ladung	O		Mann über Bord!
C		Ja!	P		„Blauer Peter", alle Mann an Bord, Schiff läuft aus!
D		Abstand halten!	Q		An Bord alles gesund.
E		Ändere Kurs nach Steuerbord.	R		Kurs ist klar.
F		manövrierunfähig	S		Maschine geht rückwärts.
G		Benötige Lotsen!	T		Abstand halten! Netze ausgelegt.
H		Lotse an Bord	U		Sie begeben sich in Gefahr!
I		Ändere Kurs nach Backbord.	V		Ich benötige Hilfe!
J		Feuer an Bord!	W		Benötige ärztliche Hilfe!
K		Verbindung erwünscht!	X		Stopp, meine Signale abwarten!
L		Sofort stoppen!	Y		Treibe vor Anker.
M		Fahrzeug ist gestoppt.	Z		Benötige Schlepper!

Die rote Flagge

Die rote Flagge ist die wohl bekannteste Signalflagge. Als Piratenflagge verbreitete sie Angst und Schrecken. „Jolie Rouge" (= hübsches Rot) oder lieber Blutrot war die Farbe der Flaggen, die Piraten vor dem Angriff hissten.

An Badeständen gilt die rote Flagge als Badeverbot.

So entstand der Flaggenname „Jolly Roger". Um nicht mehr mit einer Piratenflagge in Verbindung gebracht zu werden, bekam die rote Flagge später den Schwalbenschwanz. Heute ist sie als „Flagge Bravo" bekannt, die vor Gefahren warnt.

Eine rot-gelbe Flagge zeigt an, dass der Strandbereich von Rettungsschwimmern gesichert ist.

Bei einer Regatta bedeutet diese Flagge: Schwimmwesten anlegen!

Hier siehst du einen Flaggenmast mit einer Reihe von Signalflaggen. Kannst du die Botschaft entschlüsseln? Die Lösung findest du auf Seite 60.

Flaggensprache

Alle Schiffe führen die Flagge ihres Heimatlandes (Nationalflagge) meist am Heck. Daran erkennt man sofort, mit wem man es zu tun hat. Die wilden Piraten früherer Zeiten hatten gleich mehrere Flaggen verschiedener Länder an Bord. Sie hissten einfach immer die Flagge, mit der sie sich den Gegnern am besten nähern konnten, ohne dass diese Verdacht schöpften. Das nennt man „unter falscher Flagge fahren".

Viele Piratenkapitäne legten sich eine eigene, schwarze Piratenflagge mit grausigen Symbolen, etwa Totenköpfen, gekreuzten Knochen, blutenden Herzen oder Säbeln, zu. Die Mannschaft, die sich im Kampf geschlagen gab, zeigte die Niederlage an, indem sie ihre Flagge niederholte. Das nennt man „die Flagge streichen".

Heute grüßen sich Schiffsmannschaften, indem sie die Flagge kurz bis zur halben Höhe des Flaggenmastes niederholen und wieder nach oben ziehen (hissen). „Dippen" nennt man diesen Flaggengruß.

Der Buckingham-Palast in London ist der offizielle Wohnsitz der Königin. Weht auf dem Gebäude eine Flagge, ist die Königin in London.

Der Buckingham-Palast

Das Hauptquartier der Vereinten Nationen

Um das UN-Hauptquartier in New York stehen 193 Flaggen, eine Flagge für jeden Mitgliedstaat. Die Flaggen sind in alphabetischer Ordnung in einem Kreis aufgestellt — als Symbol dafür, dass alle Mitglieder gleichgestellt sind.

Bei uns werden öffentliche Gebäude, zum Beispiel Rathäuser, an bestimmten Gedenktagen, wie dem 3. Oktober, dem Tag der Deutschen Einheit, vollmast beflaggt. Das heißt, die Flagge wird am Flaggenmast bis ganz nach oben gezogen.

Als Zeichen der Trauer werden Flaggen nur auf halber Höhe des Mastes, also auf halbmast gesetzt. Das geschieht zum Beispiel jedes Jahr am Volkstrauertag im November oder, wie nach dem Tsunami vom 26. Dezember 2004, zur Erinnerung an Menschen, die bei einem besonderen Ereignis gestorben sind.

Lichtsignale geben

Bei Sonnenschein kannst du mit einem Spiegel Lichtsignale geben. Damit du bemerkt wirst, musst du dein Ziel, zum Beispiel deine Freunde oder im Notfall mögliche Helfer, genau mit dem umgelenkten Sonnenlicht treffen.

Bei Dunkelheit sind Lichtsignale am besten zu sehen. Eine starke Taschenlampe gehört zur Ausrüstung jedes Abenteurers. Für kurzzeitige Signale sind auch ein Kamera-Blitzlicht und ein Handydisplay geeignet.

Ein einfaches Aufblitzen des Lichts sagt dem Freund: „Ich bin hier." Willst du aber Botschaften oder einen Notruf übermitteln, nutzt du am besten den Morsecode (Seite 48 und 49).

Leuchtfeuer

Moderne Leuchttonnen versorgen ihre LED-Lichter mit Solarstrom.

Leuchtfeuer findest du an der Küste. Es sind keine richtigen Feuer, sondern Lichtquellen, die in regelmäßigen Abständen aufleuchten. Als Navigationshilfe für die Schiffe markieren sie ein Fahrwasser oder warnen vor Gefahrenstellen. Leuchtfeuer gibt es zum Beispiel auf Leuchttürmen, Feuerschiffen und Leuchttonnen. Jedes Leuchtfeuer hat eine eigene, unverwechselbare Art zu leuchten: Manche blinken, manche blitzen, andere funkeln — in verschiedenen Abständen und Farben.

Leuchttürme und Feuerschiffe

Der erste bedeutende Leuchtturm der Welt war der Pharos von Alexandria. Er wurde nach seinem Standort, der kleinen Insel Pharos vor der ägyptischen Hafenstadt Alexandria am Nildelta, benannt. Nachts wurde an der Spitze des Turms ein Feuer entfacht, das den Seefahrern den Weg in den sicheren Hafen wies. Der um das Jahr 280 v. Chr. erbaute Leuchtturm zählt zu den sieben Weltwundern der Antike. Um das Jahr 1330 brachte ein Erdbeben den mehr als 120 m hohen Turm zum Einsturz.

Heutige Leuchttürme arbeiten mit sehr starken elektrischen Lampen, um die eine riesige Linse auf einem Schlitten fährt.

Wo der Bau von Leuchttürmen nicht möglich oder zu teuer war, wurden Feuerschiffe fest verankert. Die ersten deutschen Feuerschiffe gab es ab 1774 in der Elbmündung. Inzwischen sind die meisten Feuerschiffe unbemannt (UFS = unbemanntes Feuerschiff) und werden von Land aus ferngesteuert und überwacht.

Ein moderner Leuchtturm (Warnemünde)

Das Feuerschiff Elbe 1 wurde im Jahr 2000 durch eine Leuchttonne ersetzt.

Rauchsignale

Eine der beiden Noon-Guns (= Mittags-Kanonen) in Kapstadt

Auf dem Signal-Hügel in Kapstadt (Südafrika) stehen die ältesten Kanonen der Welt, die noch täglich in Gebrauch sind. Es gibt eine Haupt- und eine Reserve-Kanone. Pünktlich um 12 Uhr mittags wird eine von ihnen abgefeuert. Früher diente der aufsteigende Rauch der Kanone den Schiffsmannschaften dazu, ihre Schiffsuhren genau einzustellen. Das war sehr wichtig, weil die Seeleute nur mit ihrer Hilfe den Längengrad berechnen konnten, auf dem sie sich befanden. Der Knall der Kanone spielte keine Rolle. Denn je weiter sich ein Schiff von dem Hügel entfernt befand, desto später konnten die Seeleute den Knall hören. Den Rauch dagegen sahen sie sofort.

Heute haben viele Wasserfahrzeuge Rauchdosen als Rettungsmittel an Bord. Damit kannst du im Notfall etwa drei Minuten lang dichten orangeroten Rauch erzeugen. Die Farbe ist tagsüber auf dem Wasser besonders gut zu erkennen. Außerdem ist hochsteigender Rauch sehr weit zu sehen. Bei starkem Wind verweht der Rauch jedoch sehr schnell. Du musst also genau überlegen, wann du Rauch einsetzt, um die beste Wirkung zu erzielen.

Orangeroter Rauch alarmiert gleich die Seenotrettung.

Drei Rauchsäulen: Gefahr!

Um weithin sichtbaren, dichten Rauch zu erzeugen, warfen die Indianer in Nordamerika feuchtes Gras ins Feuer. Dann unterteilten sie die Rauchsäule in einzelne kleine Wolken. Dazu wurde das stark qualmende Feuer mit einer feuchten Decke abgedeckt und wieder freigegeben. Nur Eingeweihte konnten die Rauchsignale richtig deuten.

Trommeln und pfeifen

In entlegenen Gegenden Afrikas und auch Asiens werden bis heute Nachrichten mit der Sprechtrommel von Dorf zu Dorf transportiert. Der Trommler ahmt tatsächlich die Sprache der dort lebenden Menschen nach. Das Trommeln ist nachts bis zu 10 km weit zu hören.

Tipp: Bau mit deinen Freunden aus verschieden großen Ton-Blumentöpfen, Butterbrotpapier und Kleister Trommeln für euer Urwaldcamp und verabredet, was einzelne Trommelrhythmen bedeuten sollen.

Auch durch Pfeifen auf den Fingern kann man sich über größere Entfernungen hinweg unterhalten. Hirten zum Beispiel nutzen Pfiffe, um sich Nachrichten über die Tiere oder das Wetter zukommen zu lassen. Es gibt sogar eine richtige Sprache nur aus Pfiffen. Sie heißt El Silbo, existiert heute noch auf der Insel La Gomera (Kanaren) und wird dort sogar in der Schule gelehrt.

Waldläuferzeichen
für Seite 15

Gaunerzinken
für Partys und Spiele

Sticker für alle Fälle

Sticker für Hefte, Briefe & Co.

Flaggensprache

Die Trillerpfeife ist mit einer Schnur an der Rettungsweste befestigt und kann nicht verloren gehen.

Pfeifsignale

Besonders laute Pfiffe kannst du mit einer Trillerpfeife erzeugen. Es gibt ganz verschiedene Pfeifsignale, zum Beispiel beim Sport. Jedes Signal hat eine bestimmte Bedeutung. Aber vor allem in Notsituationen ist eine Trillerpfeife praktisch. Mit ihr lassen sich Notsignale sehr laut, kraftsparend und über längere Zeit geben.

Jede Rettungsweste hat heute eine Trillerpfeife. Wenn du in Seenot gerätst, pfeifst du das Signal: dreimal kurz, dreimal lang, dreimal kurz (Seite 48).

Um in den Bergen einen Notruf abzusetzen, sendest du sechs kurze Signale pro Minute. Anschließend machst du eine Minute Pause. Dann wiederholst du das Signal, bis die Rettungskräfte dich gefunden haben. Wenn du selbst ein solches Notsignal empfängst, gibst du dreimal pro Minute ein Antwortsignal. Markiere den Ort, an dem du das Notsignal erhalten hast, zum Beispiel mit gekreuzten Ästen oder anderen Zeichen am Boden, und hole sofort Hilfe.

Damit dich die Bergrettung schnell finden kann, ist es wichtig, im Notfall auch über längere Zeit gut hörbare Signale zu geben.

Tierstimmen nachahmen

Mit etwas Übung kannst du Tierstimmen nachahmen und so in Kontakt zu bestimmten Tieren treten oder sie anlocken. Wenn du so gut bist, dass sich sogar die Tiere täuschen lassen, kannst du eingeweihten Freunden ganz unauffällig Signale geben. Aber lass dich nicht vom Eichelhäher, dem Wächter des Waldes, erwischen. Sein Rätschen ist ein Alarmsignal für alle Waldbewohner.

Eine Elster

◀ **Elstern locken:** Nimm eine halb volle Streichholzschachtel und schüttele sie ein paarmal hin und her. Gib den Elstern Zeit zu antworten und schüttele die Schachtel dann erneut.

▶ **Wie ein Käuzchen rufen:** Lege die Hände verschränkt zusammen, so als ob du einen Schneeball formen wolltest. Im Innern ist ein Hohlraum. Die Daumen liegen parallel nebeneinander. Setze den Mund auf die Daumen und puste in die Lücke.

Ein Waldkauz

◀ Jäger benutzen oft Lockrufpfeifen, wie etwa den „Entenlocker", um Enten oder andere Tiere anzulocken.

Ein Jäger mit einer Lockrufpfeife

▶ **Mäuseln** nennen es die Jäger, wenn sie die Pfeiflaute von Mäusen nachahmen, um den Fuchs anzulocken. Es funktioniert auch, wenn du einen feuchten Flaschenkorken an einem glatten Glas reibst. Die Reichweite des Geräuschs ist enorm!

Ein Rotfuchs

◀ **Rehböcke** lassen sich anlocken, wenn man die Fiep-Laute der weiblichen Rehe nachahmt. Dazu pusten die Jäger zum Beispiel gegen frische Buchenblätter oder Grashalme und nennen es „blatten".

Ein Rehbock

▶ Um auf einem Grashalm zu fiepen, spanne einen langen, breiten Halm zwischen beiden Daumen und Daumenballen stramm ein. Puste kräftig durch den entstandenen Spalt. Wichtig ist, dass du den Halm auf Spannung hältst.

Jagdhorn-Signale

Früher verständigten sich Jäger bei der Jagd mithilfe von Tönen und Melodien, die auf dem Jagdhorn geblasen wurden. Heute gehört das Jagdhornblasen eher zum Brauchtum. Trotzdem müssen Jäger, die zu mehreren auf die Jagd gehen, noch einige der Signale und ihre Bedeutung kennen.

Nun hört mal her!
(Die Jagd beginnt!)

Hahn in Ruh,   Hahn in Ruh!
(Aufhören zu schießen!)

Helft, bin in   Not!

Vergleiche X beim Morse-Alphabet
(S. 49): „Achtet auf meine Signale!"

Eigene Pfeifsignale

Ähnlich wie die Signale mit dem Jagdhorn könnt ihr untereinander Pfeifsignale (mit dem Mund) ausmachen, um euch ohne Worte zu verständigen.

Wo bist denn du?

Verstanden oder okay

Bin hier, bin hier!

Nicht verstanden

Was fällt dir noch ein? Wie wäre es, wenn ihr persönliche Namenspfiffe als
Rufsignal komponiert?

Sirenen

Sirenen sind Gestalten der griechischen Sagen-welt. Sie konnten jeden, der an ihrer Insel vorbei-segelte, mit ihrem lieblichen Gesang verzaubern. Wer ihnen folgte, war verloren und starb.

Nach den Sirenen und ihrem Gesang benannte der Ingenieur und Physiker Charles Cagniard de la Tour 1819 seine Erfindung: ein Gerät, mit dem ein lauter Dauerton durch regelmäßige Unterbrechung eines Luftstroms erzeugt wird.

Große Sirenen werden auch heute noch genutzt, um die Bevölkerung vor einer Gefahr zu warnen, zum Beispiel vor einer Überschwemmung. Was zu tun ist, erfährst du dann aus dem Radio, Fernsehen, Internet oder durch Lautsprecherdurchsagen oder Flugblätter von Polizei, Feuerwehr oder Katastrophenschutz.

Sirenen warnen vor Katastrophen, etwa Überschwemmungen.

Merke dir diese Sirenen-Signale:

▶ Mit einem eine Minute lang andau-ernden Heulton wird die Bevölkerung im Katastrophenfall gewarnt.

▶ Ist die Gefahr vorüber, wird Entwar-nung gegeben. Dazu ertönt eine Minute lang ein Dauerton.

Schallsignale auf hoher See

In der Seefahrt werden Schallsignale mit einem Signalhorn abgegeben. Je tiefer und lauter das Signal, desto größer ist das Schiff. Bist du selbst auf Wasserstraßen unterwegs, kann es lebenswichtig sein zu wissen, was die unterschiedlichen Schiffssignale bedeuten.

Besonders bei schlechter Sicht sind hörbare Signale wichtig. Ein Nebelhorn zum Beispiel dient Schiffen zur Orientierung, damit sie anderen Schiffen oder der Küste nicht zu nahe kommen. Schiffe, die bei Nebel vor Anker liegen, müssen mindestens alle zwei Minuten ein kräftiges Signal mit einem Signalhorn geben:

▬ = Achtung!

• • • • • • = Mehr als fünf kurze Töne in Folge bedeuten: Kollisionsgefahr!

▬ ▬ ▬ = Bei wiederholten langen Tönen ist ein Schiff in Not.

• ▬ = Das „Bleib-weg-Signal" ertönt pro Minute mindestens fünfmal. Es warnt vor einer Brand- oder Explosionsgefahr. Unbedingt Abstand halten!

Die Heulboje

Aber nicht nur Schiffe geben akustische Warnsignale. Heulbojen (eigentlich Heultonnen) sind schwimmende Seezeichen, die mit einer Ankerkette am Grund befestigt sind. Sie warnen an Küsten, an denen es oft nebelig ist, vor Gefahrenstellen. Ihr Heulton wird durch die Tauchbewegung der Tonnen bei Wellengang erzeugt.

Morsen

Samuel F. B. Morse (1791–1872) war ein US-amerikanischer Erfinder und Professor für Malerei. 1837 stellte er den ersten Schreib-Telegrafen (Morse-Apparat) vor, mit dem man Nachrichten über weite Strecken per Kabel versenden konnte. Dazu entwickelte er das Morse-Alphabet, das jedem Buchstaben eine bestimmte Kombination aus langen oder kurzen Strichen bzw. Tönen zuordnete. An der Empfangsstation ertönte ein Signal, das am anderen Ende der Leitung ausgelöst wurde. Per Unterseekabel wurden die Kontinente miteinander verbunden.

● ● ● ▬ ▬ ▬ ● ● ●

Am 15. April 1912 sank die Titanic im Nordatlantik.

Das Signal — dreimal kurz, dreimal lang, dreimal kurz — ist als SOS bekannt. Die Töne werden ohne Pause gemorst. Erst seit 1906 gilt die Tonfolge als Notsignal.

Der Funker der Titanic, des Passagierschiffs, das 1912 bei seiner Jungfernfahrt mit einem Eisberg zusammenstieß und im Nordatlantik sank, sendete sowohl den Notruf SOS als auch das vorher gebräuchliche, aber viel kompliziertere CQD. Doch für 1514 Menschen kam die Hilfe zu spät. Der Morsecode von CQD lautet:

▬ ● ▬ ● ▬ ▬ ● ▬ ▬ ● ●

CQ steht für „Seek you" (an alle) und das D für „distress" (Not). CQD wird auch für „Come quick, Danger" (Kommt schnell — Gefahr!) ausgelegt.

Man braucht jedoch kein Funker zu sein oder einen Morse-Apparat zu besitzen, um morsen zu können. Geheime Botschaften, Warnungen und Hilferufe lassen sich auch in Form von Klopfzeichen, Pfiffen auf der Triller-pfeife oder Lichtsignalen (mit Spiegel oder Taschenlampe) übermitteln.

Damit du dir die Morsecodes besser einprägen kannst, gibt es Merkwörter, die mit dem jeweiligen Buchstaben beginnen. Jede Silbe im Merkwort steht für ein Signal. Dabei bedeuten Silben, in denen ein O vorkommt, ein langes Signal (Strich) und alle anderen Silben ein kurzes Signal (Punkt).

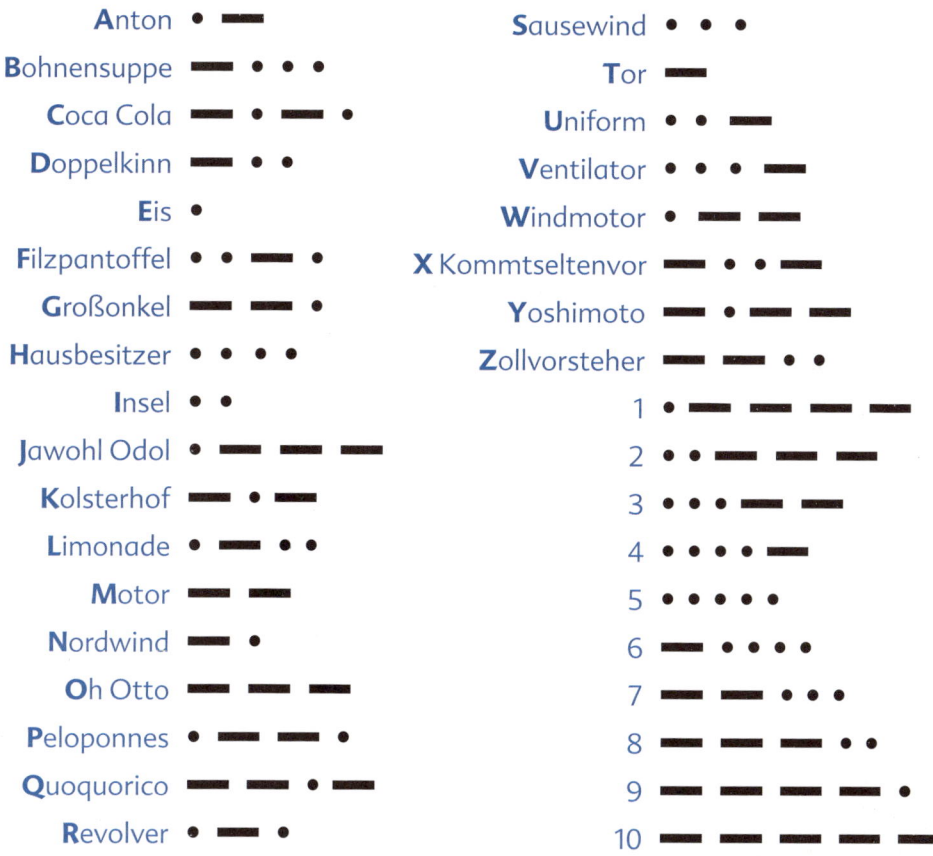

Das Funk-Alphabet

Wenn's in deinem Handy rauscht und knistert, kannst du das Funk-Alphabet benutzen, um deinen Freunden wichtige Codewörter zu übermitteln. Dabei wird jeder Buchstabe durch ein festgelegtes Wort (einen Namen) mit dem entsprechenden Anfangsbuchstaben ersetzt.

Es gibt auch ein internationales Funk-Alphabet. Dabei steht für jeden Buchstaben ein Wort, das in allen Sprachen leicht aussprechbar ist. Außerdem unterscheidet sich jedes Wort deutlich von allen anderen, damit keine Verwechslungen auftreten können. Funker auf der ganzen Welt kennen dieses Alphabet. Probier's mal aus!

Buchstabe	Deutsches Funk-Alphabet	Internationales Funk-Alphabet
A	Anton	Alpha
B	Berta	Bravo
C	Cäsar	Charlie
D	Dora	Delta
E	Emil	Echo
F	Friedrich	Foxtrot
G	Gustav	Golf
H	Heinrich	Hotel
I	Ida	India
J	Julius	Juliet
K	Kaufmann	Kilo
L	Ludwig	Lima
M	Martha	Mike
N	Nordpol	November
O	Otto	Oscar
P	Paula	Papa
Q	Quelle	Quebec
R	Richard	Romeo
S	Samuel	Sierra
T	Theodor	Tango
U	Ulrich	Uniform
V	Viktor	Victor
W	Wilhelm	Whiskey
X	Xanthippe	X-Ray
Y	Ypsilon	Yankee
Z	Zacharias	Zulu

KF5ONO

Amateurfunk-Rufnamen

Jedem Amateurfunker wird nach seiner Prüfung ein bestimmter Rufname aus Buchstaben und Ziffern zugeteilt, den er zu seiner Identifizierung verwendet und am Funkgerät immer buchstabiert. So lautet zum Beispiel die Kennung des deutschen Wissenschaftsastronauten Alexander Gerst: KF5ONO

Zahlen funken

Für Ziffern werden immer die englischen Wörter benutzt:
0 = zero, 1 = one, 2 = two, 3 = three,
4 = four, 5 = five, 6 = six,
7 = seven, 8 = eight, 9 = nine

Mayday, Mayday, Mayday

Wenn du diese drei Worte am Funkgerät hörst, weißt du, dass es sich um ein Notsignal handelt. Dann sind Rettungsmaßnahmen einzuleiten. „Mayday" kommt vom französischen „M'aidez!" und heißt „Helft mir!".

So kannst du das Funk-Alphabet üben.

Buchstabiere deinen Vor- und Nachnamen:

_____

_____

(mit dem deutschen Funk-Alphabet)

_____

_____

(mit dem internationalen Funk-Alphabet)

Verschlüsseln und entschlüsseln

Jeder Abenteurer kennt verschiedene Methoden, um Nachrichten, die nicht jeder lesen soll, zu verschlüsseln. Um eine geheime Nachricht entschlüsseln zu können, braucht der Empfänger einen passenden „Schlüssel". Das kann ein Codewort sein oder aber eine bestimmte Methode. Sender und rechtmäßiger Empfänger der Nachricht müssen sich darüber verständigen.

Die Caesar-Verschiebung

Jeder Buchstabe wird durch einen anderen ersetzt, der um eine bestimmte Anzahl von Plätzen im Alphabet verschoben ist. Hier ein Beispiel mit dem Schlüsselcode C und der Verschiebung um drei Plätze:

A	B	C	D	E	F	G	H	I	J	K	L	M	N	O	P	Q	R	S	T	U	V	W	X	Y	Z
d	e	f	g	h	i	j	k	l	m	n	o	p	q	r	s	t	u	v	w	x	y	z	a	b	c

Um Nachrichten besonders schnell ver- und entschlüsseln zu können, ist eine Codierungsscheibe praktisch. Die kannst du dir ganz einfach basteln.

Die Gartenzaun-Verschlüsselung

1. Nimm ein kariertes Blatt Papier und lege fest, wie hoch dein „Gartenzaun" werden soll, zum Beispiel drei, vier oder fünf Kästchen.
2. Schreibe den Klartext von links oben nach rechts unten in der Diagonalen und weiter immer im Zickzack bis zum Ende deiner Botschaft.
3. Zeilenweise gelesen ergibt sich dann der chiffrierte (= verschlüsselte) Text (hier: amecleenethnline).

a				m				e				c			
	l		e		e		n		e		t		h		n
		l				i				n				e	

Als Code für die Entschlüsselung brauchst du deinem Partner nur eine Zahl — die Höhe des Gartenzauns — zu nennen, hier: 3.

Enigma

Enigma (griech. = Rätsel) heißt die weltweit bekannteste Maschine zum Ver- und Entschlüsseln geheimer Botschaften. Sie war während des Zweiten Weltkriegs im Einsatz. Mehr als 150 Milliarden Kombinationsmöglichkeiten ließen die Codes als unknackbar erscheinen. Dennoch gelang britischen Codeknackern die Entschlüsselung.

Eine vollständige Enigma

Der „Dancing-Men-Code"

Kennst du die spannenden Fälle von Sherlock Holmes? In einer Geschichte lässt der Autor Sir Arthur Conan Doyle seinen Meisterdetektiv den Dancing-Men-Code knacken.

Und das kommt so: Mr. Hilton Cubitt bittet Sherlock Holmes um Hilfe, weil er befürchtet, dass seine Frau Elsie bedroht wird. Er zeigt Sherlock Zeichen, die mit Kreide an sein Gartentor gemalt worden waren. Diese Zeichen hatten seine Frau offensichtlich sehr erschreckt.

Auf den ersten Blick lassen sich jedoch nur tanzende Strichmännchen erkennen, die Sherlocks Assistent, Dr. Watson, für Kinderkritzeleien hält. Doch als Sherlock genügend Material zusammenhat, beginnt er mit der Prüfung der Zeichen und kann die Botschaften tatsächlich bald entschlüsseln. Am Ende stellt sich heraus, dass Elsie erschrak, weil sie den Code kannte. Ihr Vater, ein berüchtigter Chicagoer Gangsterboss, hatte ihn für seine dunklen Geschäfte selbst entwickelt.

So sieht das Dancing-Men-Alphabet aus, das Sherlock Holmes aus den Botschaften an Elsie Cubitt ableitete:

Für den Fall, dass du das Dancing-Men-Alphabet für deine geheimen Nachrichten verwendest: Am Ende eines Wortes steht keine Lücke, sondern ein Männchen mit einer Fahne.

Die Häufigkeitsanalyse

Bei der Untersuchung der Männchen-Reihen verwendete Sherlock Holmes die Häufigkeitsanalyse. Dabei zählst du, wie häufig die einzelnen Zeichen im Geheimtext vorkommen. Dann überlegst du, in welcher Sprache der Klartext wohl verfasst sein könnte. Welcher Buchstabe in der vermuteten Sprache am häufigsten vorkommt, steht schon fest. Hier siehst du die Rangfolge der Buchstaben in deutschen Texten:

E, N, I, S, R, A, T, D, H, U, L, C, G, M, O, B, W, F, K, Z, P, V, ß, J, Y, X, Q

Dem am häufigsten vorkommenden Zeichen ordnest du den häufigsten Buchstaben zu und so weiter, bis alle Zeichen in der verschlüsselten Nachricht einem Buchstaben zugeordnet sind. Zwischendurch kannst du schon durch Kombinieren einige Wörter entschlüsseln. Am besten klappt diese Methode mit längeren Texten.

Hast du Lust, mit deinen Freunden „Galgenmännchen" zu spielen? Wer die häufigsten Buchstaben zuerst abfragt, hat die größten Chancen, das Spiel zu gewinnen.

Erfinde deinen eigenen Code!

Wähle zu jedem Buchstaben des Alphabets einen Gegenstand, dessen Name mit diesem Buchstaben beginnt. Außerdem muss er sich gut mit wenigen Strichen zeichnen lassen, zum Beispiel:

A = **A**pfel =   B = **B**aum =

In Geheimbotschaften ersetzt du jeden Buchstaben durch sein Symbol. Dieser Code lässt sich von einem pfiffigen Spion leider sehr schnell knacken. Komplizierter wird es, wenn Symbol und Buchstabe nichts oder nichts Offensichtliches miteinander zu tun haben. Um diesen Code zu lesen, brauchen Sender und Empfänger der Botschaft den passenden „Schlüssel".

Mein Schlüssel für meinen eigenen komplizierteren Code:

A		J		S	
B		K		T	
C		L		U	
D		M		V	
E		N		W	
F		O		X	
G		P		Y	
H		Q		Z	
I		R			

Ungeklärt: das „Wow!-Signal"

Computerausdruck von der Ankunft des „Wow!-Signals"

Ab und zu entdecken Forscher Signale, deren Herkunft und Bedeutung sie nicht herausfinden. Dazu gehört das „Wow!-Signal". Auf seiner Suche nach außerirdischem Leben fing das „Big Ear"- (= große Ohr)-Radioteleskop in den USA 1977 ein ganz besonderes Signal auf. Es war so außergewöhnlich, dass der Wissenschaftler, der den Computer-Ausdruck auswertete, „Wow!" danebenschrieb.

Die Zeichenfolge „6EQUJ5" (rot umkringelt) steht für die beachtliche Stärke des Signals. Es war bis zu 30-mal stärker als das normale Hintergrundrauschen im All. 72 Sekunden lang konnte man es aufzeichnen.

30 Tage lang wurde die Richtung am Himmel, aus der das Signal aufgefangen worden war, genau beobachtet. Doch es tauchte nie wieder auf. Ob es eine Nachricht aus dem All war, konnte bis heute nicht geklärt werden.

Auch Radioteleskope des VLA (Very Large Array) in der Wüste von New Mexico wurden auf das Sternbild Schütze ausgerichtet, aus dessen Richtung das Signal kam.

Ungeknackt: die Skulptur „Kryptos"

„Kryptos" ist der Name einer Skulptur des US-amerikanischen Bildhauers Jim Sanborn. Sie befindet sich seit 1990 auf dem Gelände des CIA-Hauptquartiers in Langley (Virginia). CIA — das ist der amerikanische Geheimdienst. „Kryptos" ist griechisch und bedeutet „verborgen". Und tatsächlich enthält die Skulptur vier verborgene Texte, die alle mit unterschiedlichen Codes verschlüsselt sind. Geheimdienstmitarbeiter und andere Codeknacker weltweit haben seither versucht, diese Texte zu entschlüsseln. Tatsächlich wurden bisher drei geknackt.

Der vierte Abschnitt, ungelöst:

```
E C D M R I P F E I M E H N L S S T T R T V D O H W ? O B K R
U O X O G H U L B S O L I F B B W F L R V Q Q P R N G K S S O
T W T Q S J Q S S E K Z Z W A T J K L U D I A W I N F B N Y P
V T T M Z F P K W G D K Z X T J C D I G K U H U A U E K C A R
```

2010 gab der Künstler, der als Einziger die Botschaft kennt, zwei Hinweise:
▶ Die Buchstabenfolge NYPVTT bedeutet entschlüsselt BERLIN.
▶ Die Buchstabenfolge MZFPK heißt im Klartext CLOCK (= Uhr).
Vielleicht schaffst du es ja, das Rätsel zu lösen? Viel Glück!

Lösungen

Lösung von Seite 21:

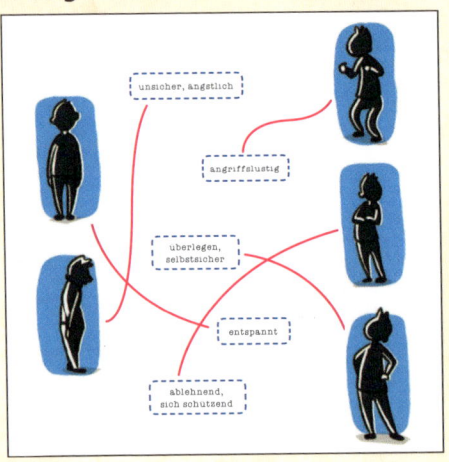

Lösung von Seite 22:

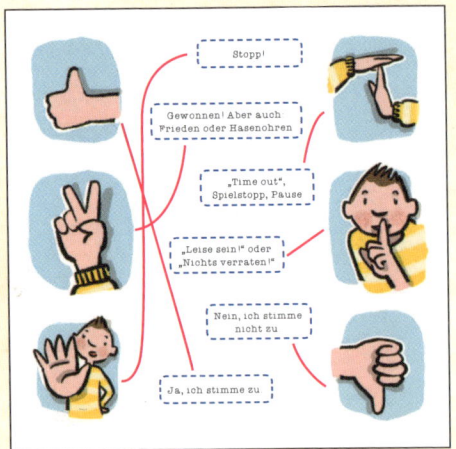

Lösung von Seite 15:

Lösung von Seite 29:
am brunnen stand ein grosser hund

Lösung von Seite 33:
GLUECK

CAROLIN HAT

GEBURTSTAG

WUNSCH

Fotonachweis

Noch mehr für Abenteurer

ISBN 978-3-649-61574-3

ISBN 978-3-649-66805-3

ISBN 978-3-649-66833-6

ISBN 978-3-649-66806-0

ISBN 978-3-649-62072-3

ISBN 978-3-649-67057-5

ISBN 978-3-649-66883-1

ISBN 978-3-649-61932-1

ISBN 978-3-649-62146-1

Überall im Handel erhältlich und unter www.coppenrath.de!